Para mi maravillosa esposa Angela…..
Gracias por creer en mí e impulsarme a seguir siempre mis
sueños.
Tú eres mi estrella de mar y mejor amiga.
Te amo.

Para mis amigos y familia-
Gracias por su apoyo constante y por alentarme
durante la creación de este libro. No pude haberlo hecho sin
ustedes
¡Todos ustedes!

La Aventura de Addison y las Estrellas de Mar

Escrito e Ilustrado por Michael Mooney.

Balanced Life Publishing

Nombre: **Addison Algamarina**
Apodo: **Addy**
Color de cabello: **Verde**

MIS COSAS FAVORITAS:

Frase: "Suena divertido, ¡Hagámoslo!"
Color: **Verde** (obviamente) **:)**
Botana: **¡Galletas con Doble Chispas de Chocolate!**
Bebida: **Limonada**
Juego: **Las escondidas**
Deporte: **Nadar**
Peluche: **Mi Pingüino Purpura** (Gwen)
Libro: **Las series de Amelia Bedelia** (Ella es tan divertida)
Película: **Buscando a Nemo** (Amo las tortugas)

Pasatiempos:
⭐ **Buscar Estrellas de Mar**   ⭐ **Leer**
⭐ **¡Ver películas con mi familia!**

¿**H**AS ENCONTRADO UNA ESTRELLA DE MAR ALGUNA VEZ?

Si respondiste que sí, ¡WAHOO! Felicidades- no es una tarea sencilla.
Encontrar una puede tomar muchos años para algunas personas.
Si respondiste que no, está bien- encontrar una puede ser difícil porque,

¡Las estrellas de mar
Aman
Esconderse!

SABIAS QUE?

Las estrellas de mar son estrellas marinas que viven en el océano y no son peces

No tienen branquias, escamas o aletas como los peces y se mueven de un modo ligeramente diferente a ellos

Aunque encontrar una estrella de mar
puede ser difícil....

con mucha **práctica**, **paciencia**, y **un poco de ayuda
de tus amigos** –(¡esa soy yo!)–

¡deberías ser capaz de encontrar una para
el final de este cuento!

Algunas cosas para tener en cuenta:

1. Mantén tus ojos abiertos.
Nunca sabes cuándo te toparás
Con una estrella de mar.

2. Sé muy paciente.
Encontrar una estrella de mar puede tomar
mucho tiempo, especialmente para novatos.

SABIAS QUE?

La estrella de mar del Pacífico Norte es
considerada como una de las 100
especies más Invasivas del mundo.

Antes de continuar, debemos ponernos nuestro atuendo súper secreto para encontrar estrellas de mar.

Si quieres encontrar una estrella de mar debes tener la mente abierta. ¡Debes ponerte el atuendo tonto, alocado, y estrellado que puedas!

¡Me pondré mi falda
Púrpura, mi camisa
roja, y mis botas
de goma
amarillas
favoritas!

Está bien, esto no es tan
alocado o tonto, pero
¡son mis prendas
favoritas!

Ahora busca tu atuendo estrellado súper
secreto antes de continuar con nuestra
aventura.

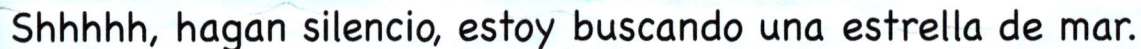

Shhhhh, hagan silencio, estoy buscando una estrella de mar.

Intentar encontrar una estrella de mar puede ser difícil.

Si quieres encontrar una estrella de mar debes **nadar** como una estrella de mar, **pensar** como una estrella de mar, ¡y **apestar** como una estrella de mar!

SABIAS QUE?

Las estrellas de mar irradian varios brazos que se estrechan -usualmente cinco, ¡pero algunas especies pueden tener hasta 25 brazos!

¡Estaba bromeando! ¡Si apestas como una estrella de mar, la estrella de mar te olerá y será más difícil encontrarla!

Así que, escucha a tus padres, si es hora de tomar un baño, ¡Mejor que lo hagas!

¡Ahora vayamos a encontrar algunas estrellas de mar!

¡Mira el tamaño de este pescadito! ¿Bastante bien no? ¡Pero esta no es una estrella de mar! No te preocupes, encontraremos una, ¡lo prometo!

Aun cuando no encontré una estrella de mar, no puedo desanimarme y tú tampoco deberías.

Recuerda, nunca te rindas, especialmente cuando las cosas se pongan difíciles.

SABIAS QUE?

Es muy raro que pesques una estrella de mar con una caña de pescar.

El anzuelo no las atrae. Por eso es raro pescarlas con una caña.

Está bien, ¡este es el consejo **super-duper**, **ultrasecreto** y **definitivo**, para encontrar estrellas de mar que te puedo dar!!!

Shhhh, no le digas a nadie, ¿lo prometes?... ¿lo prometes?? Solo tú, yo y tus padres lo podemos saber...

...y tu peluche favorito en todo el mundo entero, por supuesto; Pero ¡HASTA AHÍ!

¡Hay un modo de llamar a las estrellas de mar!

¡Es muy fácil hacerlo y te enseñaré **A TI** cómo lo harás!

1. Párate con tus pies pegados y tus brazos extendidos como un aeroplano.

2. Pon todo el peso de tu cuerpo en una pierna y empieza a mover tu otra pierna lejos de tu cuerpo.

3. Inclina tu brazo izquierdo hacia el piso.

¡Hurra, lo estás haciendo! Si tienes problemas para equilibrarte, aguántate de una pared o una silla.

¡Ahora estás listo para la playa y para encontrar algunas estrellas de mar!

Ahora que llamamos a las estrellas de mar, es hora de volver al océano. Ya que vivo cerca del mar, puedo ir en bicicleta.

Si no vives cerca del mar, tendrás que esperar hasta tus próximas vacaciones con tus padres.

No te preocupes, hay muchas estrellas de mar esperando por ti.

BEACH

¡Yay! ¡Encontramos una! ¡Encontramos una gran estrella de mar **púrpura**!

¡El trabajo duro y la dedicación tienen su recompensa!

Espero que hayan disfrutado nuestra aventura y se hayan divertido en el camino.

SABIAS QUE?

Existen cerca de 2000 especies alrededor del mundo, mayormente en aguas poco profundas a lo largo de costas rocosas

Código de Honor de los Buscadores de Estrellas de Mar:

Recuerda siempre que debes proteger a las estrellas de mar dejándolas en su hábitat natural... el océano.

¡Feliz búsqueda de estrellas de mar y cuídate!

Con amor,

Addison.

Dibuja una Estrella de Mar en el espacio en blanco o Pega tu foto favorita.

CONECTA-LOS-PUNTOS

Descubre la imagen. ¡Despues de que haya terminado, pintalo!

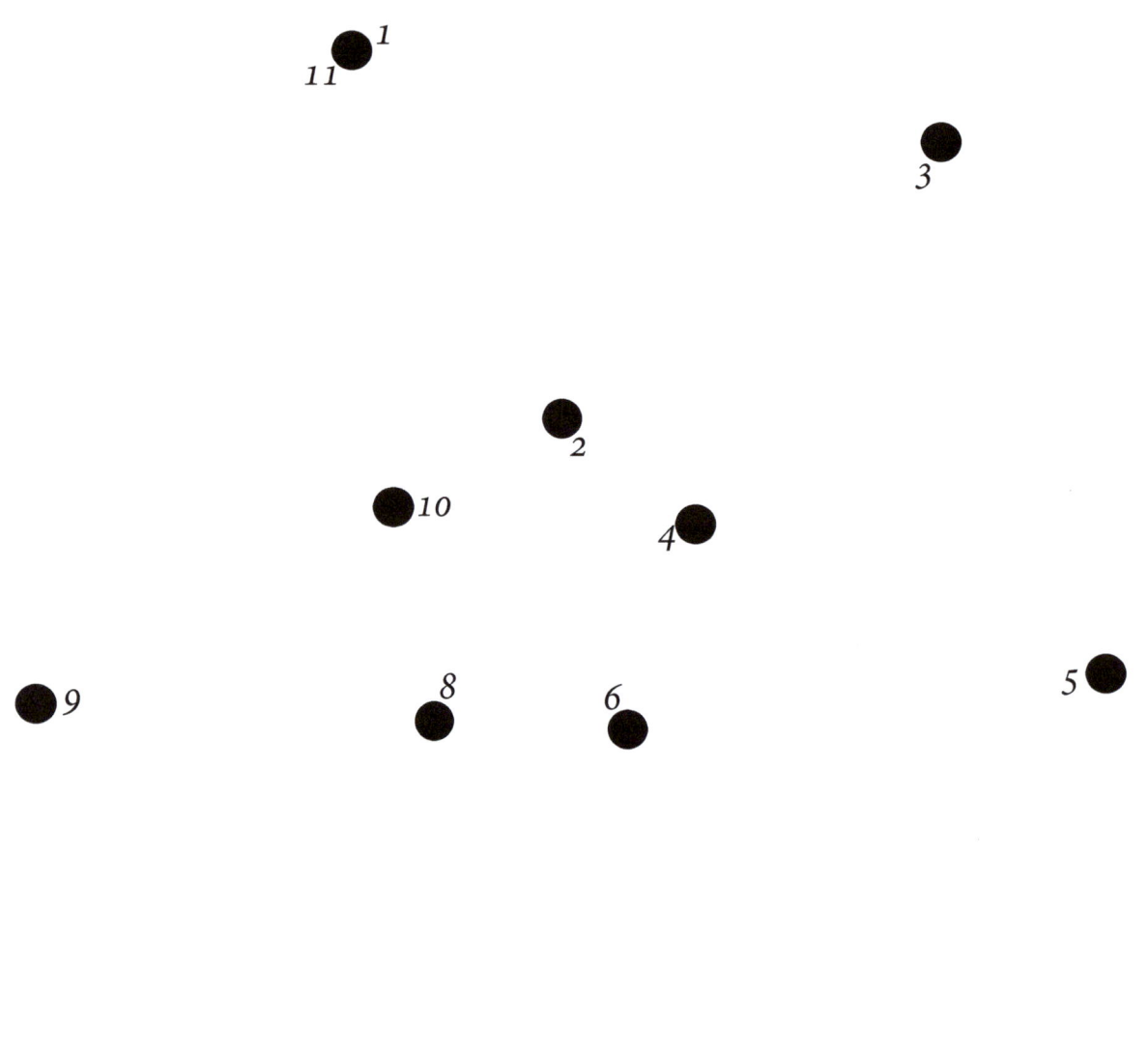

CONECTA-LOS-PUNTOS

¿Eres realmente bueno en conectar los puntos? Intenta conectar los puntos del rompecabezas.

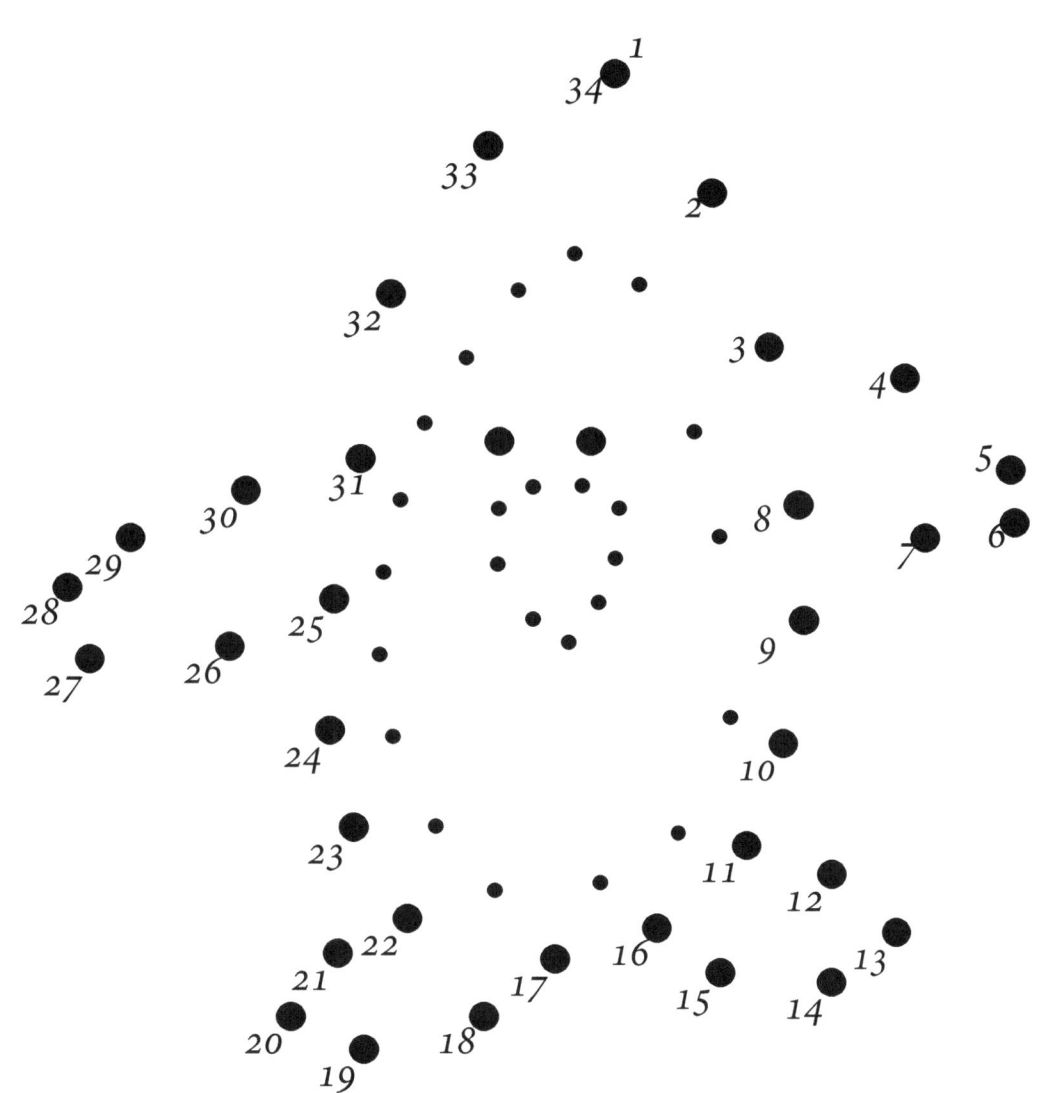

¿Ya Terminaste?

Revisa el libreo nuevamente y mira si puedes encontrar todas las estrellas de mar

¡Muéstrame Tus Habilidades Creativas!

¿Quieres ganar un dibujo Gratis de una estrella de mar?

1. Dibuja tu propia estrella de mar. **2.** Muéstranos a mí y a todos tus amigos tu dibujo posteándolo en mi página de Facebook. ¡Juntos podemos crear la colección más grande de dibujos de estrellas de mar del Mundo! :)

Cada mes- **1** Dibujo de Estrella de Mar será seleccionado al azar y el ganador recibirá

¡Un dibujo a mano de una estrella de mar firmado por mi...

ADDISON ALGAMARINA!

Contáctame

¿Quieres preguntarme algo o mostrarme tu dibujo de una estrella de mar?
Envíame un email aquí: addisonseaweed@gmail.com

Dale me gusta en Facebook aquí:

https://www.facebook.com/starfishbook

Reconocimientos:

Addison's Starfish Adventure fue inspirada por: The Starfish Story la cual fue adaptada de The Star Thrower escrito por Loren Eiseley el cual puedes leer aquí: http://en.wikipedia.org/wiki/The_Star_Thrower

Referencias:

http://www.encyclopedia.com/topic/sea_star.aspx

Spanish edition 2017

This book was written and illustrated by Michael Mooney.

The illustrations were created using watercolor and ink.

Balanced Life Publishing